매일매일 행복해지는 가장 쉬운 방법

# 비거니즘,
## 완벽하지 않아도 괜찮아

오지구요 지음

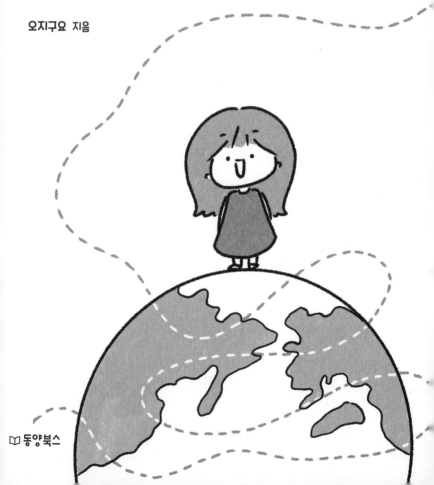

동양북스

## •목차•

## 1 비건을 시작하다

## 2 동물권을 생각하다

## 3 환경을 생각하다

## 4 건강을 생각하다

## 5 비건 물결이 일렁이다

## 6 Q&A

# 비건을 시작하다

주변에 비건은 물론 채식을 하는 사람은 없었습니다.
아는 분의 지인이 채식한다는 이야기만 전해 듣거나

TV로 채식을 실천하는 유명인을 접해본 정도.

깊게 생각하진 않았고,
어떤 신념에서 비롯된 거라고 생각하지도 않았습니다.

고기를 별로 안 좋아하나 보네~

와삭-

그랬던 제가 채식을 시작하고

일상에서 먹고 소비하는 모든 것이 달라졌어요.

이전과 다른 식습관으로 변화함과 동시에
일상에서 소비하는 모든 것이 달라졌기에

이제야 우리 식탁 위 음식들, 소비하는 것들이

알면서도
외면해온 걸지도 몰라.

너무 무지했어.

어디서 어떻게 만들어져
우리에게 오는지 알아가기 시작했습니다.

모두 각자 저마다의 이유로 매 순간 선택을 하며 삽니다.

풍요롭지만 너무도 복잡한 세상인지라
수많은 선택지에서 길을 잃게 되는데

길이 너무 많아.　　　　어디로 가야 하지.

먹고 입는 것부터 본인만의 기준을 가지고 소비한다면
이 복잡한 선택지로부터 조금은 자유로워지지 않을까요.

# 비건을 시작하다

## 비건을 지향하게 된 계기

GO VEGAN!

장 건강을 위해 평소 속 편한 음식을
즐겨 먹는 편인데

그중에 빵은 절대 포기할 수 없는 음식이에요.

하지만 많이 먹으면 속이 더부룩하기에

속 편하게 (많이) 먹을 궁리를 하다가
비건 빵의 존재를 알게 되었습니다.

비건을 시작하는 이유 대다수는
건강과 환경 그리고 동물권 때문인데

저는 건강상의 이유로 비건을 지향하게 되었고,
공부하며 환경과 동물권 문제로 인식이 확장되었어요.

공부하며 알게 된 사실

첫 번째,

인간과 같은 고통을 느끼는 동물들이
비좁고 열악한 환경에서
폭력적인 방식으로 사육된다는 것.

두 번째,

가축을 기르는 과정에서
심각한 환경오염이 발생하고,
기후변화를 가속화한다는 것.

평생 지구에 빚지고 살아갈 운명인데 문제를 외면해왔기에,

이제라도 차근차근 소비를 바꿔야겠다고 생각했어요.

그래서 비건을 지향하기 시작했답니다.

# 비건을 시작하다

채식주의자에게 흔히들 물어보시는 질문!

평생 풀만 먹고 어떻게 살아요!?

채식은 개인의 소비 형태에 따라
다양한 유형으로 나뉘는데요.

풀만 먹지 않아요!

우유, 달걀 먹는
락토 오보

우유와 달걀, 생선 먹는
페스코

비건은 가장 엄격한 채식을 실천하는
채식주의자 유형이에요.

비건
: 채식 단계 중 가장 엄격한 채식주의자이며
비거니즘을 지지하며 실천하는 사람

채식주의자
: 동물성 식재료를 피하고 식물을 재료로 한 음식을 지향하는 사람

비거니즘
: 동물을 착취하여 생산되는 제품과 서비스를 거부하는 신념과 사상

그럼 채식주의자 유형은
어떻게 나뉠까요?

# 채식주의자 유형

소비에 따라 범주는 아주 다양하지만, 기본적으로 8단계로 나뉘어요.

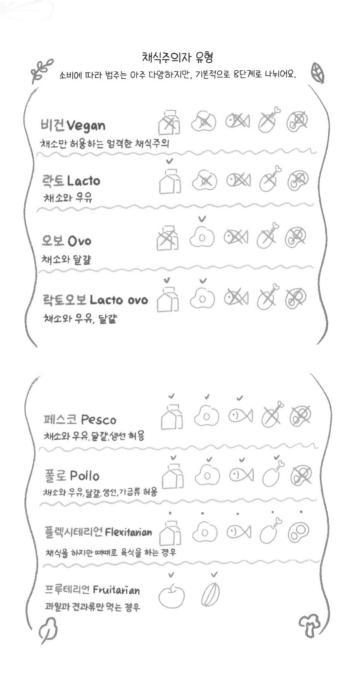

**비건 Vegan**
채소만 허용하는 엄격한 채식주의

**락토 Lacto**
채소와 우유

**오보 Ovo**
채소와 달걀

**락토오보 Lacto ovo**
채소와 우유, 달걀

**페스코 Pesco**
채소와 우유, 달걀, 생선 허용

**폴로 Pollo**
채소와 우유, 달걀, 생선, 가금류 허용

**플렉시테리언 Flexitarian**
채식을 하지만 때때로 육식을 하는 경우

**프루테리언 Fruitarian**
과일과 견과류만 먹는 경우

분류를 위해 통상적으로 나뉜 개념이니까
각자의 음식 성향을 꼭 틀 안에 가둘 필요는 없어요.

스스로에게 너무 엄격하게 완벽한 채식을 추구하지 않고
할 수 있는 선만큼 동물성 소비를 줄이는

리듀스테리언의 삶을 살아보는 것도
채식을 지향하는 하나의 방법이 될 수 있습니다.

\* 리듀스테리언 Reducetarian : 육류 또는 동물성 소비를 줄이려고 하는 사람

채식을 지향하고자 하는 마음이
가장 중요한 것 이니까요.

# 비건을 시작하다

# 채식을 하는 가장 쉬운 방법

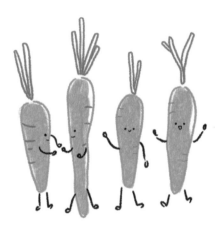

완벽해야 한다는 마음 때문에
시작이 어려운 경우가 많은데

난 아직인가 봐..

채식은 조금 서툴더라도
지금 그 자리에서 바로 시작할 수 있어요.

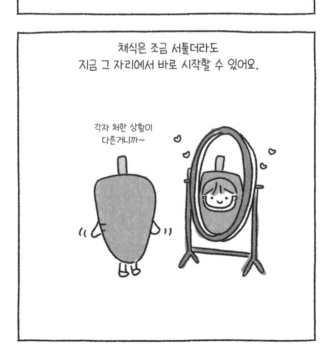

각자 처한 상황이
다른거니까~

## 채식을 시작하는 가장 쉬운 방법!

월요일은
고기 없는 날~

Meet free monday!

**완벽함을 버리고 일주일에 하루만 채식 실천해보기**

Meet free monday!

# 고기없는월요일

비틀즈 멤버 폴 매카트니가 제안한 환경운동으로
일주일에 단 하루만이라도 채식을 실천함으로써
축산업에서 배출되는 온실가스를 감축하자는 취지를 담고 있어요.

만약 우리가 일주일에 하루만 채식을 실천하면
어떤 변화가 일어날까요?

연간 이산화탄소
2,268kg 감소

물
13만 2,400L 절약

560km 거리 운전 시 발생하는
온실가스의 양을 감소시킬 수 있답니다.

서울

강릉

\* 560km = 서울 ↔ 강릉 왕복거리정도

한 명의 완벽한 비건보다

백 명이 일주일에 하루 채식하는 것이
지구를 지키는 데 더 도움이 된다고 합니다.

꼭 월요일이 아니더라도
일주일에 하루를 정해 채식을 실천하고
지구도 우리 건강도 함께 지키는 건 어떨까요?

# 2
## 동물권을 생각하다

안녕하세요 저는 하늘이예요.

사랑하는 가족, 친구들과
행복하게 살고 있어요.

편안한 집에서
맛있는 음식도 먹으면서요~

여길 오기 전에는..

지구를 아시나요?

지구라는
별에서
살았어요.

지구가.. 사람과 동물이 함께 어울려 사는
아름다운 곳이라고요?!

누군가에겐 그렇게 기억되기도 하군요..

저에게 지구에서의 삶은
고통 그 자체였어요.

제가 어떤 삶을 살았는지
조금 더 이야기 해달라고요?

그럼 이제부터 저와 제 친구들의
지구에서 살아온 이야기를 들려 드릴게요.

# 2
## 동물권을 생각하다

젖소

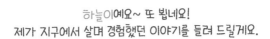

하늘이예요~ 또 뵙네요!
제가 지구에서 살며 경험했던 이야기를 들려 드릴게요.

지구에서 저는 암송아지로 태어나
우유를 생산하는 젖소의 삶을 살았어요.

낙농장에서 태어났어요.

태어나자마자
어디론가 끌려갔고
귀에 식별번호표가 부착되고,
뿔이 잘렸어요.

아파..

우유 생산을 위해
임신하고 아기를 낳아야 한대요.
저는 우유 대체물을 먹고 자랐고
12개월이 지난 후 강제로 임신을 당했어요.

항문에 사람 팔이 들어가
정액이 주입되는 방법으로 인공 수정을 하고

10개월이 지나
송아지를 출산했어요.
생명을 낳았다니..

그런데 얼마 지나지 않아
사람들이 제 아기들을
어디론가 데려갔어요.

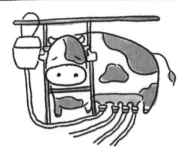

출산 직후 바로
착유가 시작돼요.
그때부터 무작정
젖을 짜기 시작했어요.

3L

30~35 L

그렇게 30~35리터를 10개월간 매일 생산하는
끔찍한 수모를 겪었어요.

출산 후 4달이 지나고
사람들은 또다시 저를 임신시켰어요.

그렇게 임신과 착유가
3년 동안 3회 반복됐어요.

임신　　　　임신　　　　임신

착유　　　착유　　　착유
　　↑분만　　　↑분만　　　↑분만

평생 산유 촉진 호르몬 주사를 맞고,
언제나 임신 상태에 있다가,
젖과 제 자식들도 뺏기고 기력이 떨어진
저는 결국 식용 분쇄육 공장으로
팔려가 생을 마감했어요.

**2**

# 동물권을 생각하다

## 수송아지

안녕하세요~ 저는 구름이예요.
제 몸집은 크지만, 아직 어리답니다~

이곳에서는 엄마랑 실컷 놀 수 있어서 행복해요~

지구에서는 태어나자마자
엄마랑 헤어져야 해서 슬펐거든요.

지구에서는 태어나자마자 엄마랑 헤어지고
바로 송아지 고기 농장으로 실려 왔어요.

농장에서는 목에 쇠사슬이 감긴 채
비좁은 나무틀에 갇히게 되었죠.

사람들은 저에게
철분을 제거한 사료를 줬어요.

그 덕에 빈혈과 궤양,
폐렴은 달고 살았고
힘이 없어서 절뚝거리기 일쑤였죠.

살고 싶었어요. 저는 철분을 얻기 위해
비좁은 틀 안에서 무엇이든 핥으려 발버둥쳤어요.

늘 무섭고
고통스러웠어요.

비좁은 곳에 가둬야
송아지 움직임이 제한되어
근육이 발달하지 못해.
그래야 부드러운 육질을 얻지~

사실 저는 청결을 좋아해요.
하지만 좁은 나무틀 안에선
평생 저의 배설물을 온몸에 묻히고
밟으며 살아야 했고

43

성장촉진제가 담긴 사료를 먹고
29kg였던 저의 몸무게는 18주 만에 181kg이 되었어요.

그리곤 도살장으로 보내졌죠.

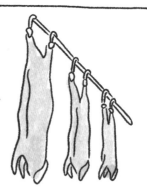

어린 송아지 고기는
육질이 부드러워
값비싼 고급음식으로 팔린다고 해요.
그래서 저를 그렇게
고통스럽게 했던 건가요..?

## 암퇘지

처음 뵙겠습니다~ 저는 달이예요!
호홍 반가워요.

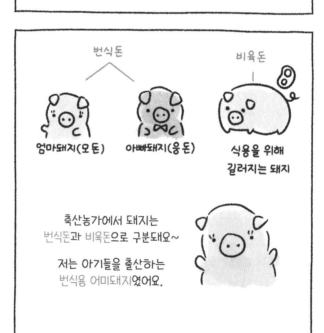

번식돈

비육돈

엄마돼지(모돈)    아빠돼지(웅돈)    식용을 위해
길러지는 돼지

축산농가에서 돼지는
번식돈과 비육돈으로 구분돼요~

저는 아기들을 출산하는
번식용 어미돼지였어요.

태어나고 8개월이 되었을 때,
강제로 임신당했고 사람들은 저를 스톨에 가뒀어요.

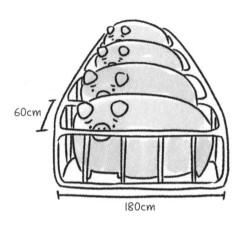

60cm

180cm

이후 차가운 바닥, 오물투성이인 스톨에서
하루 1.8kg 사료를 주입당하고

약 115일(3개월 3주 3일)
임신 기간을 가진 후에

분만틀로 이동해
10마리의 아기 돼지들을 낳았어요.

아기 돼지들을 봤던 그때가 제일 행복했어요.
하지만 3~4주간 젖을 먹이고 바로 헤어졌어요.
저는 다시 스톨로 돌아왔죠.

이후에도 사람들은 저에게
임신중지와 임신유도 호르몬제를
계속해서 투여했어요.

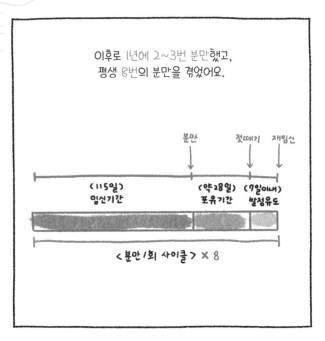

이후로 1년에 2~3번 분만했고,
평생 8번의 분만을 겪었어요.

분만

젖떼기  재임신

〈115일〉
임신기간

〈약28일〉
포유기간

〈7일이내〉
발정유도

〈분만 1회 사이클〉 × 8

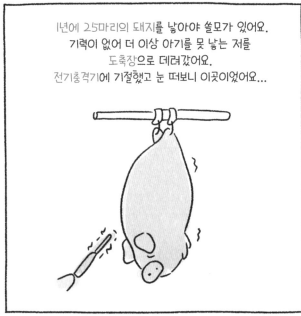

1년에 25마리의 돼지를 낳아야 쓸모가 있어요.
기력이 없어 더 이상 아기를 못 낳는 저를
도축장으로 데려갔어요.
전기충격기에 기절했고 눈 떠보니 이곳이었어요...

**2**

# 동물권을 생각하다

비육돈

안녕하세요~ 저는 별이예요.

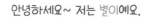

IQ는 75~80
강아지보다 지능이 높고 공감 능력이 뛰어나죠.
그리고 공간만 있다면 수면 자리와 화장실을
스스로 구분할 수 있을 정도로 영리하답니다!

발달한 후각과 촉각을 이용해 코끝으로 땅을 파 먹이를 찾고,
진흙 목욕으로 체온조절 하는 것을 좋아해요~

지구에서 저의 삶이요?
이런 본성은 무시된 채 갇혀 살았어요.

태어나자마자 엄마를 만나
온도가 따뜻한 환경에서 한 달을 보냈어요.

어느 날 사람들은 엄마를 데려갔고
저도 어둡고 비좁은 곳으로 보내졌어요.

그러곤 이빨과 꼬리가 잘렸어요.
스트레스를 받아서
주변 친구들한테 상처를 내는 것을
방지하기 위해서라고 해요.

* 영국에서는 법으로 금지되어 있습니다.

게다가 수컷인 저는 마취 없이 거세당했어요.
거세를 빨리할수록 노린내가 덜해
상품 가치가 높다는 얘기를 들었어요.

저는 본래 청결한 걸 좋아해요.
하지만 우리가 너무 좁아
휴식 공간과 배설 공간이 분리되지 않았어요.

* 평균적으로 2x4.6m 크기의 방에서 돼지 10마리가 생활

어쩔 수 없이 배설물에 몸을 뒹굴며 살았어요.
밀집된 환경에서 폐사율은 28.9%.
치료비용을 아끼기 위해
아픈 친구들은 죽도록 방치되거나,
상황이 나은 경우 안락사됐어요.

항생제를 투여받고, 성장촉진제 첨가된
유전자 조작 사료를 공급받으며
6개월 만에 180kg의 비육돈이 되었고

사람들은 2층 트럭에 저랑 친구들을 태우고
도축장으로 끌고 갔어요.
그날을 아직도 기억해요. 햇빛을 처음 본 날!

전기충격기가 보였고 도축장에
같이 온 친구들이 하나둘씩 기절하는 것을 봤어요.
도중에 의식이 깨는 친구들도 봤어요.
이후 저도 기절해버렸네요.

마지막에 맡았던 피비린내는
아직도 잊을 수가 없어요.

# 2

## 동물권을 생각하다

### 산란계

안녕하세요~ 저는 바다예요. 반가워요!

축산 닭은 크게 산란계와 육계로 나뉘어요.

육계

닭고기 생산을
위해 기르는 닭

산란계

달걀 생산을
위해 기르는 닭

저는 닭을 낳는 산란계의 삶을 살았어요.

병아리일 때 사람들은 마취 없이 저의 부리를 잘랐어요.
좁은 공간에 갇힐 테니 친구들과 서로 쪼아
상처 내는 것을 방지하기 위해서라고 해요.

제가 갇혀 있던 곳이에요.
일명 '베터리 케이지'
한정된 공간에 많은 닭의 움직임을 제한하여
생산성을 극대화하는 사육 방식으로

EU     미국

case free

동물 학대 문제로 유럽과 미국에선 2012년부터 금지되었어요.

철사로 만든 작고 좁은 닭장이 바닥부터 차곡차곡 쌓여 있어요.

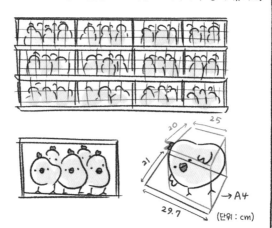

좁은 닭장 안에서 닭 6마리와 함께 생활했어요.
한 마리당 A4용지 3분의 2(20x25cm)의 면적이 주어져요.

닭장 바닥은 배설물이 밑으로 떨어질 수 있도록
경사진 철망으로 되어 있어서
다리가 엉키고, 철망에 깃털이
쏠리고 뽑혀 상처가 나기도 했어요.

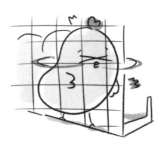

이곳에서 자연 상태의 닭보다 10배는 많은 알을 낳도록
유전자 조작이 되어 있어요.
그래서 뼈가 허약해지고 부러지기가 쉬워요.

알을 너무 많이 낳아서
자궁탈출 현상이 오는 친구도 있었어요.
그걸 다른 닭들이 쪼아 출혈이 일어나고 감염으로 죽기도 했죠.

저는 날개를 한 번 제대로 펼치지 못하고
평생 케이지 안에서 먹고 자고 배설하며 보냈어요.

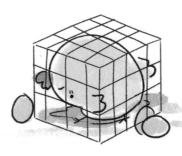

제가 한 살이 조금 넘었을 때쯤엔
더 이상 달걀을 생산할 힘이 없더라고요.

사람들은 수익성이 낮아지는 걸 절대 용납 못 해요.
제가 그곳에서 비실대는 것보다
새로운 닭을 투입하는 것이 효율적이라고 생각했나 봐요.

닭장에서 저를 거칠게 끄집어냈고
저는 가공육 공장에서 죽음을 맞이했어요.

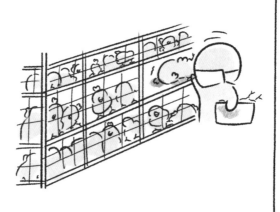

**2**

# 동물권을 생각하다

육계

안녕하세요~ 저는 바람이예요.
지구에서 6주 살았던 저의 이야기를 들어주실래요?

저는 창문 없이
3만 마리 규모의 닭이 모여 있는 방에서

식용 닭고기가 되기 위해 길러졌어요.

햇대에 올라가고
모래 목욕하는 것을 좋아하지만
이곳에선 당연히 꿈도 못 꿨죠.

24시간 불을 밝혀놓은 곳에서
성장촉진제가 가득 들어 있는 사료가 공급돼요.

저는 사료를 끊임없이 먹고
태어난 지 한 달도 안 돼서 급속도로 커졌어요.
이곳의 닭들은 대부분 체중을 이기지 못해 다리가 부러지거나
신체 구조가 뒤틀리는 부작용을 겪어요.

게다가 밀집된 사육 환경.
거의 모든 닭이 대장균에 감염되어 있었고,
살모넬라균에 감염되는 일도 부지기수였어요.

몸이 급격히 불어난 저는 6주 만에 도살당했어요.
아직도 제가 병아리인지 닭인지 헷갈려요.

\* 자연 상태의 닭 수명은 15~20년

# 수평아리

안녕하세요 저는 봄이예요.

저는 병아리 공장에서 태어났어요~
이곳에서는 닭이 되어
수익을 낼 수 있는 동물들만이 살아남아요.

알을 낳지 못하는 저와 같은 수평아리는
경제적 가치가 없다고 판단이 되었나 봐요.

사람들은 저와 제 친구를
거대한 분쇄기에 집어넣었고

산 채로 갈아 비료로 만들었어요.

## 2
## 동물권을 생각하다

모피

안녕하세요 저는 바다예요~
제 털이 참 멋있죠?

그래서 그런지 지구 사람들은
저와 같은 동물 털로 옷을 만들어 입었어요.

저는 비좁은 철장 안에서 지냈어요.

위생적이지 않은 환경이라
탈수와 어지럼증을 늘 달고 살았어요.

그러던 어느 날 어떤 사람이 몽둥이를 들고 와
저의 머리를 내리쳤고

저는 즉시 기절했어요.

의식이 돌아왔을 땐
이미 발끝부터 머리까지 가죽이 벗겨진 상태였어요.

저뿐만 아니라
여우, 밍크, 토끼 등 모피에 사용되는 동물들은
이렇게 의식이 있는 상태에서 서서히 죽어가요.

사람들이 최상의 윤기 나는 가죽을 얻어내야 하기에
산 채로 저희 가죽을 벗겨내는 거죠.

# 2

## 동물권을 생각하다

# 구스다운

추운 날 몸을 따뜻하게 유지해주는 다운패딩.
그 속에 있는 털이 저의 털이랍니다.

다운패딩을 만들기 위해서는
부드러운 털을 생산해야 하기 때문에
오리와 거위의 털을 사용해요.

저는 노을이예요!

부드러운 솜털을 가지며
식용이 가능한
오리와 거위의 털을 주로 사용

육조류 타조와 닭
깃털은 억세서
의류 충전제로 부적합

공장에서는 저희에게 최대한 많은 털을 뽑아내야
생산성이 높아지나 봐요. 그래서

산 채로 털이 뜯기고

털이 뜯긴 곳을 마취 없이 꼬매버렸어요.

6주 지나면 또 털이 뽑혔고 이걸 평생 10-15번 반복했어요.

왜 저희는 털이 뺏기고 평생 고통받아야 하죠?

# 2

## 동물권을 생각하다

동물원

안녕하세요! 저는 동물원에 살았던
아프리카 코끼리 푸름이입니다!
동물원을 가보셨나요?

동물원은 처음에 야생 동물들을 모아
동물 쇼를 하기 위해 만들어졌어요.

최초 동물원으로 1828년에 문을 연 런던 동물원

현재는 많은 동물원이 생겼고
야생동물 보전, 교육과 연구 목적이라는
명목으로 운영되고 있지만..

실제로 동물원 내의 5~10%만이
멸종 위기에 처한 동물들을 위해 사용되고 있어요.

대부분의 동물들은 그저 시끄러운 놀이기구 옆
격리 공간에 전시되며 관람거리로 전락해 버렸어요.

단지 방문객을 끌기 위해서 번식되고,
제한된 공간 때문에
잉여동물은 시즌이 끝나면 팔리거나 죽게 돼요.

모든 동물들이 동물원 안에서 번식되는 것이 아니에요.
저와 제 친구들은 아프리카 야생에서 수입되었습니다.

야생에서 구해져 동물원에서 먹고 자고
환경까지 조성해주면 좋은 거 아니냐구요?

크든 작든 한정된 공간에서 살아가게 돼요.
운동, 사회적 상호작용, 목욕과 같은
가장 기본적인 일상 생활마저도 즐길 수 없어
답답함에 벽을 핥거나 우리 철창을 씹기도 해요.

동물을 가둬놓고 관람시키는 동물원.
사람들에겐 단지 오락거리일 뿐이겠지만요.

**환경을 생각하다**

# 환경은 지금

현재 지구는
산업화 이후 최근 100년 동안
기온 약 1도가 상승했는데요.

고작 1도 올랐는데
왜 이리도 심각한 걸까요?

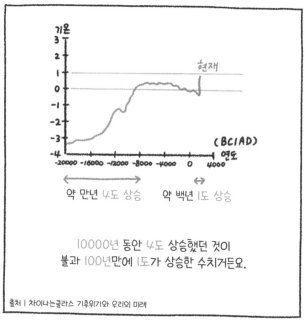

10000년 동안 4도 상승했던 것이
불과 100년만에 1도가 상승한 수치거든요.

출처 | 차이나는클라스 기후위기와 우리의 미래

3. 환경을 생각한다 환경은 지금

현재 기후변화의 가장 큰 원인은 탄소배출!

산업화로 인해 인구가 기하급수적으로 늘어났고
화석연료 사용과 동시에 탄소 농도가 증가하며
이 사달이 난 거예요.

그만!

<2100년까지 섭씨 4도 상승 예측 시나리오>

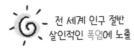
전 세계 인구 절반
살인적인 폭염에 노출

물 30~50%
감소

1인당 GDP
50% 이상 감소

현재도 온도는 계속해서 오르고 있어요.
IPCC에서는 이대로라면 2100년까지
4~5도 상승할 것으로 예측합니다.

출처 | 2050 거주불능 지구

93

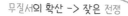
무질서의 확산 -> 잦은 전쟁

해수면 상승

갈 곳을 잃은 난민 발생
-> 비교적 질서가 잡힌 나라들로 유입

식량 부족 문제 발생

사실 대부분의 탄소는 선진국에서 발생하는데 피해는
정부의 힘이 약한 나라에서부터 차례대로 발생하고 있어요.

현재로서 온도상승 속도를 늦추는 건 가능하지만
이미 오른 온도를 낮추기는 불가능하다는 것

탄소는 공기중에 100년 동안 누적이 되기에
지금부터 탄소 제로상태를 유지하더라도
이전에 사용했던 탄소가
공기중에 남아 지구온난화를 일으킬 거예요.

더 심각한 건 이제껏 기온 상승의 원인은
인간 활동에 의해 배출된 탄소였구요.
향후 기온 상승으로 북극의 영구동토층이 녹아
자연에 의한 탄소배출이 시작되면
걷잡을 수가 없게 된다는 것입니다!

지구의 자정능력 상쇄로 인한 되먹임 현상,
탄소 배출에 가속도가 붙기 전에
이걸 막아야 하는 거예요.

대기중 탄소 농도보다
훨씬 많은 양의
탄소내포

영구동토층

그래서 전 세계는 탄소 줄이기에
마음을 모으고 있는데요.

| | 1.5도 | 2도 |
|---|---|---|
| 생태계(인간계) | 높은 위험 | 매우 높은 위험 |
| 산호초 | 70~90% 소멸 | 99% 소멸 |
| 생물종 | 곤충 6%, 식물 8% | 곤충 18%, 식물 16% |
| | 척추동물 4% 서식지 절반 절멸 | 척추동물 8% 서식지 절반 절멸 |
| 여름철 평균온도 | 3도상승 | 4도 상승 |
| 완전소멸빈도 | 복원가능 | 복원 어려움 |

파리 기후 협약에서는 기온 상승폭을 2도로 제한,
이후 2018 IPCC에서는 0.5도 낮은 1.5도로 제한했어요.
우리나라에서는 2050 탄소중립을 선언한 상황입니다.

출처 I IPCC 지구온난화 1.5도 특별보고서

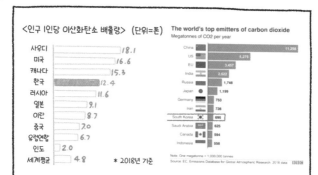

출처 | 글로벌 카본 프로젝트

현재 농업과 임업에서 배출되는 온실가스는
전 세계 온실가스 배출량의 4분의 1을 차지하고
농업에서 발생하는 메탄과 이산화질소, 암모니아는
이산화탄소보다 20~30배나 높은 온실효과를 불러일으키며
심각한 대기 오염을 만들고 있어요.

그래서 2018년 베를린에서는
'육류 소비 감축을 위한 세계정상회담 2018'이 열렸습니다.
회담에서 채택한 의제는 '50by40'
2040년까지 육류소비량
50% 감축을 위한 전략이 논의되었습니다.

한국과 함께 기후악당으로 꼽힌 중국 정부는
13억 인구로부터 심각하게 배출되는 온실가스를 줄이기 위해
2030년까지 육류 소비를 50% 줄이는 정책을 내세웠습니다.

단순히 '고기를 먹는다'는 행위가

어떻게 기후변화와 팬데믹, 그리고
가난한 사람들의 삶의 질에도 영향을 끼치는 걸까요?

# 3

## 환경을 생각하다

# 육식이 환경에 미치는 영향

## - 공장식 축산 -

육식, 더 정확히 공장식 축산은
환경문제를 일으키는데요!

# ❛ 공장식 축산 ❜ 이란?

최소한의 비용으로 최대 효율을 끌어내는
밀집사육 시스템입니다.

공장에서 동일 규격제품 찍어내듯
비용 절감을 하고
더 많은 고기를 공급하는 생산 방식입니다.

이곳에서의 가축은 생명이 아닌
물건으로 취급받게 되죠.

현재 대한민국 가축 농장의 99%는
공장식 축산 방식으로 운영되며

전 세계 모든 대형동물의 90%는
인간이 사육하는 가축이 차지하고

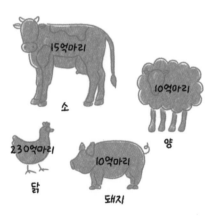

15억마리
소

10억마리
양

230억마리
닭

10억마리
돼지

출처 | 유발하라리 가디언지

전 세계에서 매일 약 2억마리,
매년 74억마리 정도의 동물이
죽임을 당하고 있습니다.

DAY          200,000,000

YEAR    74,000,000,000
(365 DAY)

출처 | FAO, Faostar, 2016

이 많은 동물들이 살고 먹고 키우는 과정에서
여러 문제가 발생하고 있어요.

탄소 배출

산림 파괴

식량 문제

항생제와 질병

생물 종 다양성 파괴

수질 오염

비효율적인 자원 사용과 환경 파괴의
주범으로 꼽히는 공장식 축산 시스템.
지구에서는 어떤 일이 일어나고 있을까요?

# 환경을 생각하다

숲은 이산화탄소를 흡수하고
물을 저장해 홍수와 가뭄을 예방해줍니다.

지구 모든 동식물의 삶의 터전이기도 하죠.

이러한 숲이 불타고 있습니다.

현재 지구 전체 표면의 30%가

가축을 키우는 용도로 사용되고 있으며

출처 | 유엔식량기구(FAO)

전 세계 경작지의 33%가
가축 사료를 재배하는 면적으로 사용되고 있습니다.

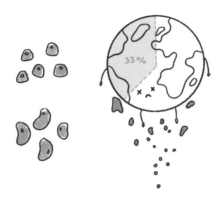

출처 l 유엔식량기구 (FAO)

이미 아마존 숲의 70%는
목초지 확보를 위해 불태워진 상황이에요.

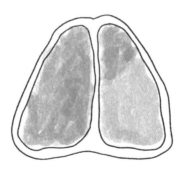

출처 l 유엔식량기구 (FAO)

햄버거 한 개를 먹을 때
얼마를 지불하시나요?

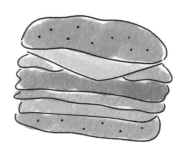

보통 햄버거 세트 하나를 먹기 위해
개인이 지불하는 비용은 지폐 한 장이지만

햄버거 속에 들어가는 소고기 패티를 생산하기 위해
아마존 숲 1.8평의 면적이 파괴됩니다.

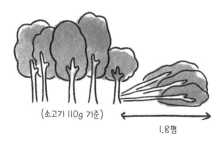

(소고기 110g 기준)

1.8평

출처 | journal Animals, USDA, Water Footprint network, 환경부

이외에도

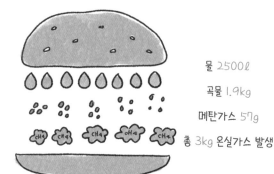

물 2500ℓ

곡물 1.9kg

메탄가스 57g

총 3kg 온실가스 발생

지구는 엄청난 자원과 환경오염을 대가로 치르고 있으며

출처 | journal Animals, USDA, Water Footprint network, 환경부

한계치에 이른 열대우림은
더 이상 이산화탄소를 흡수하지 못하고 배출하고 있어요.

지구를 살리는 최후의 방어선인 나무.

기후변화의 가속화를 막기 위해 나무를 살려 주세요.

# 환경을 생각하다

## 식량 문제

지난해 영양부족 상태의 기아 인구는

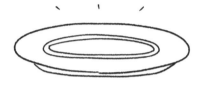

세계 인구 9%에 가까운 6억 8천명.

출처 | UN 세계 식량 안보 및 영양상태 보고서

아프리카 등지에서는
5초당 1명이 기아로 목숨을 잃고 있습니다.

전 세계 인구를 전부 먹일 식량이 부족해서일까요?
문제는 한쪽으로 치우친 식량 배분 구조 때문인데요.

현재 전 세계 곡물 생산의 1/3이
가축에게 먹일 사료로 쓰이고 있어요.

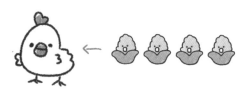

닭의 경우 체중이 1kg 증가하는데
필요한 사료의 양은 4kg(옥수수 기준)

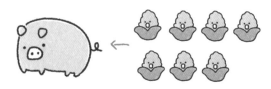

돼지는 7kg

소는 16kg입니다.

16인분 곡물을 동물 1마리가 사료로 먹고

그 고기를 사람 1명이 먹는 구조인 거죠.

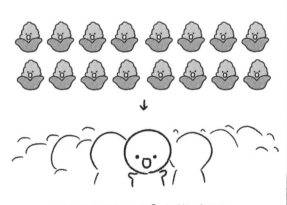

현재 전 세계 가축에게 먹이는 사료 양만큼을
사람이 먹는다면

30억 명의 인구가 먹을 수 있는 양으로
환산할 수 있다고 해요.

소수만 배부른 구조에서
전 세계인 모두가 균형 있게 분배받는 구조로

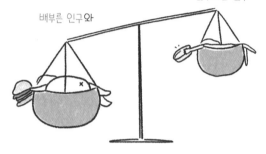

배부른 인구와

굶주리는 인구

지구상에 기아로 죽어가는 인구가
사라지도록 함께 바꿔나가는 건 어떨까요.

# 환경을 생각하다

## 탄소 배출

CO₂

CH4

헉. 차 매연 좀 봐.

그치. 근데
이거보다 심각한 게
뭔 줄 알아?

유엔보고서에 따르면 가축이 배출하는 메탄가스는
전 세계 온실가스의 18.2%를 차지하고
자동차를 포함한
모든 교통수단에서 나오는 온실가스보다
많은 비율을 차지한다고 해.

헉. 내가 좋아하는 소고기도!?

응. 돼지나 닭보다 소고기가
10배는 더 많은 탄소를 배출한대.

소가 사료를 먹고 소화시키는 과정에서
장내발효가 일어나는데

이 과정에서 메탄가스가 다량 발생하고
소량은 방귀, 대부분은 트림으로 배출돼.

(단위:kgCO2-eq)
식품 1kg당 내뿜는 온실가스량

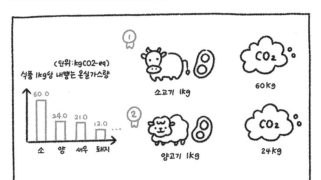

사실 가축 생산과정에서 소고기가 배출하는
온실가스량이 제일 많아.
소고기 1kg만 먹어도 온실가스를
60kg 배출한 셈이지.

출처 | 사이언스

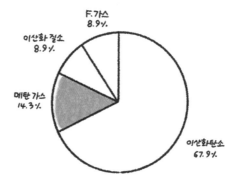

<전 세계 온실가스 배출량>

F.가스
8.9%

이산화질소
8.9%

메탄가스
14.3%

이산화탄소
67.9%

메탄은 온실가스 배출량 중 두 번째로
많은 양을 차지하지만
이산화탄소보다 20배 넘는 온실효과를 가져오고

출처 | 미국 EPA

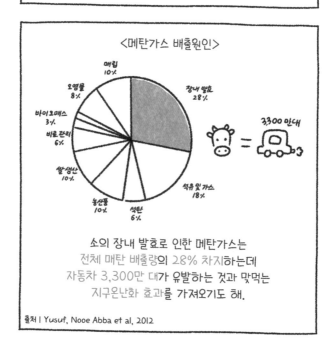

<메탄가스 배출원인>

매립
10%

오염물
8%

바이오매스
3%

비료관리
6%

쌀 생산
10%

농산물
10%

석탄
6%

장내 발효
28%

석유 및 가스
18%

3,300 만대

소의 장내 발효로 인한 메탄가스는
전체 매탄 배출량의 28% 차지하는데
자동차 3,300만 대가 유발하는 것과 맞먹는
지구온난화 효과를 가져오기도 해.

출처 | Yusuf, Nooe Abba et al, 2012

그러니까 자동차를 덜 타는 것보다
소고기를 줄이는 게
지구 환경에 더 도움이 된다는 사실!

고기.. 줄이도록 노력할게!

< 단백질 100g당 평균 온실가스 배출량 >

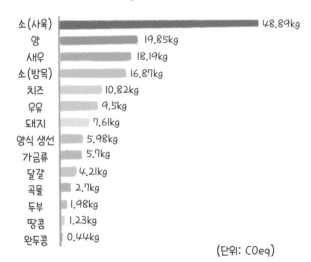

| | |
|---|---|
| 소(사육) | 48.89kg |
| 양 | 19.85kg |
| 새우 | 18.19kg |
| 소(방목) | 16.87kg |
| 치즈 | 10.82kg |
| 우유 | 9.5kg |
| 돼지 | 7.61kg |
| 양식 생선 | 5.98kg |
| 가금류 | 5.7kg |
| 달걀 | 4.21kg |
| 곡물 | 2.7kg |
| 두부 | 1.98kg |
| 땅콩 | 1.23kg |
| 완두콩 | 0.44kg |

(단위: COeq)

출처 | 2018, Poore and Nemecek, 사이언스

**3**

## 환경을 생각하다

# 물 부족과 수질 오염

전 세계 심각한 물 부족과 수질 오염 문제

공장식 축산이 물 부족과 수질 오염의
큰 원인이기도 합니다.

## 토마토 1kg 생산에

### 필요한 물은 214ℓ

출처 | 프랑스 비건 협회, 비건임팩트 2018

## 닭고기 1kg 생산에
### 4,325ℓ

출처 | 프랑스 비건 협회, 비건임팩트 2018

돼지고기는
5,988ℓ

출처 | 프랑스 비건 협회, 비건임팩트 2018

소고기는 15,415ℓ 가 필요합니다.

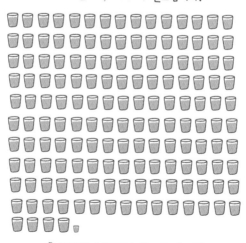

환산하면 아프리카 물 기근 국가의
국민 850명이 하루동안 생존할 수 있는 물 양이에요.

이 외에도 공장식 축산은 수질 오염을 일으킵니다.

젖소
46만톤

한육우
340만톤

돼지
274만톤

닭
147만톤

가축에게 투여한 항생제와 분뇨는
매년 불법 투기되어 하천으로 유입되고 있습니다.

출처 | 가축분뇨 연간 발생량. 환경부

---

전 세계 담수의 13분의 1이 가정에서 사용되는 반면

9개월 동안 샤워할 만큼의 물
15,000ℓ

소고기 1kg 생산에 필요한 물
15,415ℓ

가축에게는 3분의 1 만큼 사용되고 있는데요.

출처 | 조너선 사프란 포어. 우리가 날씨다

욕실에서 절수하는 것보다 고기를 멀리하는 것이
지구 물 자원 절약에 도움이 된다는 것을 기억해주세요 :)

**3**

## 환경을 생각하다

# 항생제 사용과 전염병

1960년대에만 해도 소규모 방사 형태로
길러지던 가축은

1970년대에 도입된 공장식 축산 시스템으로 인해
밀집 사육을 당하고 있습니다.

비좁은 환경에서 평생 배설물과 악취에 노출되며
살아가는 가축은 병에 취약해질 수밖에 없죠.

질병을 막기 위해 투여되는 항생제.

하지만 곧 내성이 생기고
면역력이 떨어져 새로운 병에 노출되고

더 많은 항생제 투여와
생겨나는 질병으로 악순환이 반복됩니다.

현재 전 세계에서 생산되는 항생제의 70퍼센트가
가축에게 사용되고 있는데요.

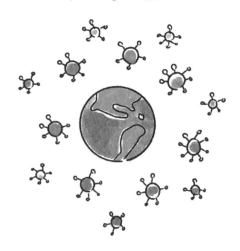

출처 | 우리가 날씨다_조너선 사프란 포어

신종 감염병의 60% 이상이
동물에서 유래한 상황에서

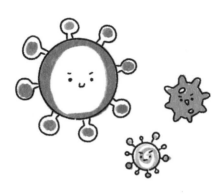

밀집된 환경 동물을 가둬놓고 키우는
공장식 축산 시스템은

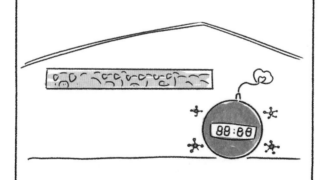

새로운 전염병이 터질지 모르는
시한폭탄과 같지 않을까요.

# 환경을 생각하다

생물종 다양성 손실

과학자들은 지구상의 동물이
대략 870만 종이 있다고 추측합니다.

이렇게 많은 생물 종이 어우러져 사는 것을
'생물다양성'이라고 하는데요.

미세한 박테리아부터 나무와 오랑우탄, 그리고 인간까지

생물 다양성 체계 속 모든 구성요소가
서로 영향을 주고 받고 균형을 이루며 살아갑니다.

그러나 공장식 축산 시스템이 자리잡은 이후

3%
야생동물

30%
인간

67%
가축

인간과 인간에 의해 선택적으로 선별된 가축만이
지구 생태계의 97%를 차지하고 있죠.

---

야생동물은 개체 수가 계속 줄어가고 있습니다.

사자
약 4만 마리

코끼리
약 50만 마리

펭귄
약 5천만 마리

소
약 15억 마리

돼지
약 10억 마리

닭
약 200억 마리

WWF가 선정한 825곳의 주요 생태지역 가운데 306곳,

국제보존협회가 지정한 세계 생물다양성 주요 지역
35곳 중 25곳이 가축 사육으로 파괴된 상황에서

하루 150종의 야생동물이
멸종하는 것으로 추정되고 있어요.

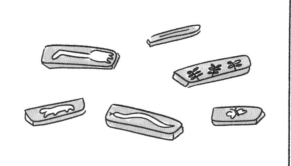

출처 | 유엔 세계생물다양성 위원회

인간의 입맛대로 수많은 생명을 죽음에 내몰고
지구 생태계를 해치다가

가축화되지 않은 동물들은 전부 멸종되어
기록으로만 그들의 흔적을 접할 날이,

코끼리

엄마
저건 공룡이야?

어느 순간 어떤 한 동물의 소멸로 인간 또한
죽음으로 내몰릴 날이 머지 않았을지 모릅니다.

# 4

## 건강을 생각하다

고기는 정말
균형 잡힌 음식일까?

육식 = 필수 섭취 = 건강
이라는 허상이 지배적이지만

불끈~     불끈~

사실 인간이 육식 위주의 식습관을 시작한 건
20세기에 들어서면서부터입니다.

과일과 채소를 주로 먹는
순수한 채식주의자

냠냠

냠

인간의 유전자와
99% 유사한 침팬치

그 전까진 밭에서 나는 음식을 주로 먹어왔고
기술 발전으로 육식의 비중이 늘다가

최근 공장식 축산으로 인해
육식 위주 식습관이 지배적으로 자리 잡힌 것이지요.

과해진 육식은 질병을 부작용으로 가져왔어요.

### 콜린 캠벨 〈The China Study〉

2,400개의 지역과 중국 전체 인구의 96%에 해당하는
8억 8천만 명을 대상으로
12종류의 암에 대한 사망률을 조사한 연구로
조사에 참여한 인원이 65만 명이나 되었던
생의학 연구 프로젝트.

고기 위주의 식습관을 가진 지역과
채소 위주의 식습관을 가진 지역을 분석한 결과

고기를 많이 먹는 지역일수록
사망률과 질병률이 높게 나타났고
특히 주요 암의 지역별 편차가 100배나 되었다.

출처 : T. COLIN CAMPBELL Center for Nutrition Studies

전문가들은 육식으로 인해 질병에 노출되는 게
과잉된 영양소 섭취 때문이라고 말합니다.

콜레스트롤　　지방　　단백질

## 1) 단백질

'단백질 = 고기'라는 신념이
지배적이지만
초과된 단백질은
뼈에 손상을 입힙니다.

예를 들어 단백질을 2배 섭취하면
칼슘의 50%는
소변으로 배출되고
골다공증에 걸릴 확률이
높아집니다.

## 2) 지방

과잉 섭취된 지방은
몸에 저장되고,
인슐린 저항성을 야기합니다.

이로 인해 질병에 저항하는 힘이 약해지며
심장병, 중풍, 당뇨병과 같은 질병이 유발되는 거죠.

세포

지방은 체중 증가와
더불어 지나치면
암으로 발전될 가능성도 있습니다.

입 활짝~

질병

## 3) 콜레스테롤

다 막아버릴고야

콜레스테롤은
동물성 식품에서만
발견되는 영양소예요.

과하게 먹으면
피부와 힘줄, 동맥에 쌓여
혈관 질환과 암, 그리고
심장병과 중풍을 가져올 수 있답니다.

## 4) 식이섬유, 탄수화물 Zero

식이섬유　　　탄수화물

육류를 포함해 동물성 식품에는 식이섬유와
탄수화물이 포함되어 있지 않아요.
(우유, 꿀에 들어 있는 단순 당은 제외)

꾸룩꾸룩

이 영양소들은 부족하면
소화 불량이 올 수 있어요.

위장

출처 : 존 맥두걸, 어느 채식의사의 고백

세계보건기구(WHO) 산하 국제암연구소(IARC)는
2015년에 육가공품과 붉은 고기를
각각 1군, 2A군 발암물질로 분류해 발표했습니다.

건강을 위해서 육류 소비를 줄이고
식물성 식단으로 채워보는 건 어떨까요?

# 4
## 건강을 생각하다

채식하면
무조건 건강해질까?

채식하면 무조건 건강해지는 건가요?

힘!

노! 채식이라고 해서 무조건 몸에 좋은 음식만
있는 것은 아니에요.

정제된 가공음식이나 기름으로 튀긴 음식 위주 식단이
주식이 된다면 오히려 건강을 해칠 수 있습니다.

자연 식물에 있던 영양소는
정제 과정을 거치며 손실되기에

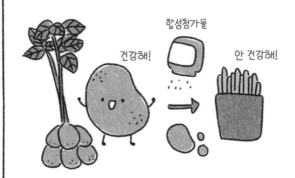

합성첨가물

건강해!

안 건강해!

자연 식물 본연의 영양분을 살려서 먹는 것이
건강에 도움이 됩니다.

< 주의해야 할 음식 >

1) 정제된 콩 단백질 음식

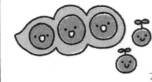

정제된 콩 단백질은
화학적 혼합물과 만나
제조과정에서
거의 모든 영양소가 사라져요.

콩기름

콩고기

두유

지나치게 많은 섭취는
동물성 단백질과 마찬가지로
체내 칼슘을 감소시켜
골다공증을 유발할 수 있습니다.

## 2) 식물성 기름

마가린(식물성 기름)에는
트랜스지방이 함유되어 있어
지나치면 암을 촉진시킬 수 있어요.

올리브유 또한 공장을 거쳐
정제된 기름이기에
영양분보다는
곁들이는 양념으로 봐주세요.

진정 올리브의 영양분을 얻고 싶다면
올리브 열매를 통해 섭취하시면 좋아요.

## 3) 견과류

견과류는 그 자체로 오메가-3,
칼슘 등 영양소를 섭취할 수 있어
훌륭한 식품이지만

80%가 지방
15% 탄수화물
5% 단백질로
이루어져 있기 때문에
하루 30g 이하(아몬드 기준 25알)
섭취하는 것이 건강하답니다.

가장 건강하게 채식하는 방법은
자연 식물식 위주로 드시는 것이에요.

가공된 음식은 가끔만.
균형 있는 채식을 실천하는 것이
지치지 않고 오래 할 수 있는 방법입니다.

결국엔 모두가 건강하기 위해
채식을 하는 것이니까요.

전체적인 내용은 책 [ 존 맥두걸/ 어느 채식의사의 고백 ] 의 내용을 참고했습니다.

# 4

## 건강을 생각하다

채식으로 여덟가지
영양소 챙기기

아연
오메가-3
비타민 D
칼슘
필수 아미노산
비타민 B12
단백질
철분

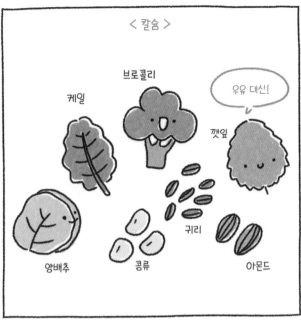

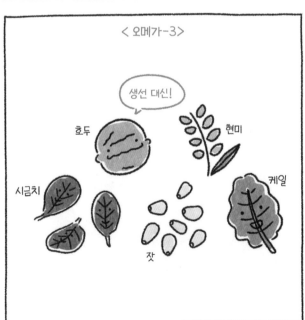

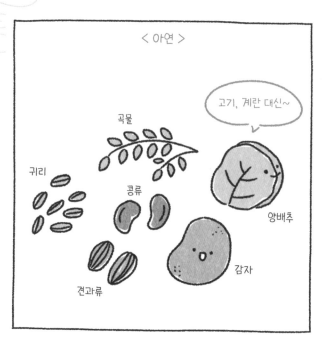

< 비타민 B12 >

< 필수아미노산 >

식물성 단백질만으로도 필수 아미노산 및
비필수 아미노산을 충분히 공급할 수 있습니다.

출처: 미국심장협회

현대인이 죽는 15가지 원인 중 14가지는
채식을 통해 회복하거나 개선이 가능하다고 합니다.

< 현대인의 15가지 주요 사망원인 > * 미국 기준

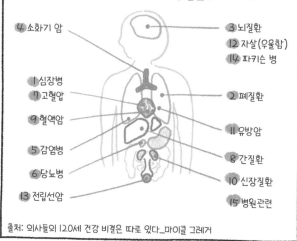

- 4 소화기 암
- 3 뇌질환
- 12 자살(우울함)
- 14 파키슨 병
- 1 심장병
- 7 고혈압
- 9 혈액암
- 2 폐질환
- 11 유방암
- 5 감염병
- 8 간질환
- 6 당뇨병
- 10 신장질환
- 13 전립선암
- 15 병원관련

출처: 의사들의 120세 건강 비결은 따로 있다_마이클 그레거

채식으로 필요한 영양소 챙기고
몸과 마음 건강하세요~!

# 4

# 건강을 생각하다

## 채식 이후 건강의 변화

### Feat. 더게임 체인저스

채식을 시작한 이후 먹고 소비하는 것이 바뀌니
전반적인 삶 전체가 달라졌음을 느낍니다.

피부에 와닿게 느껴지는 건 바로 건강의 변화!

소화가 잘 되니 속이 편하고 피부도 맑아지고

일상생활을 할 때 피로감을 덜 느끼고
체력 또한 좋아졌어요.

채식으로 인한 건강에 긍정적인 변화.
저뿐만 아니라 세계적인 운동선수들도 증명합니다.

< 더 게임 체인저스 >

각 분야에서 뛰어난
활약을 펼치고 있는
채식주의 영화배우, 운동선수의
인터뷰와 실험을 통해
채식의 효능을
이야기하는 다큐

다큐를 보면 로마시대 검투사들도
콩과 보리를 먹으며 식물에서 영양분을 얻었고

선수들도 채식 식단을 하며 세계 신기록을 세우기도 합니다.

아놀드 슈워제네거 (보디빌더)
"고기로부터 단백질을 얻을 필요가
없다는 것을 알았고, 채식 이후
가장 낮은 콜레스트롤 수치가 나왔어요. "

켄드릭패리스 (미국 대표 역도선수)
"올림픽 출전 자격을 3번 얻고,
미국 기록을 2번이나 깼어요.
진작 채식을 시작할 걸 그랬네요. "

파트리크 바부미안 (세계에서 가장
힘이 센 남자, 기네스 보유자)
"고기를 안 먹고 어떻게 황소처럼
힘이 세냐고 묻는데 황소가
고기 먹는 거 봤나요? "

공통적으로 느끼는 건
채식 이후에 체력이 증가하고 건강해졌다는 거예요.

힘!

우리 몸은 개별로 존재하는 것이 아니기에

You are What you eat

힘!

건강히 먹는 음식이 곧 우리 자신의 일부가 되고
몸과 마음의 조화를 이루지 않을까요.

# 비건 물결이 일렁이다

## 이트-랜싯 리포트

### - 인류 식단 가이드 -

2019년 1월 인류 역사상 최초로 전 세계를 대상으로
인류와 지구의 건강을 함께 지킬 수 있는
'인류세 식단' 가이드가 발표되었습니다.

스웨덴의 민간단체 이트-랜싯위원회
(The EAT-Lancet Commission on Food, Planet, Health)가
주최한 이 포럼에서 영양학, 농업, 환경 부문의
16개국 연구진 37명의 의견을 모은 것인데요.

'인구 100억 명이 되었을 때
인류가 지구에서 계속 살아남기 위해서
어떻게 음식을 먹어야 하나'라는 안건에

총책임자이자 하버드 공중보건의학원 학장 워트월럿 박사는
전 인류가 현재보다 채소 양을 두 배 늘리고
고기 양을 두 배 줄이는 식단을 권고했어요.

 75g (284)
콩류

50g (291)
견과류

 28g (40)
생선

14g (30)
붉은고기

29g (62)
닭고기

13g (19)
계란

232g (811)
통곡물

50g (39)
녹말식품

 250g (153)
유제품

300g (78)
야채

포화지방
31g (120)

설탕 31g (120)

불포화지방
40g (354)

200g (126)
과일

하루 평균 2500kal 섭취 기준 (괄호: kcal)

그리고 생선과 유제품, 계란이 포함된
플렉시테리언 식단 12가지를 소개했습니다.

현재 하버드, 스탠포드, 예일대 의대를 중심으로
식물성 식품에 대한 논의가 활발히 진행되고 있습니다.

예일대학교 식당에서는 80%가 채식으로 제공되며
2030년에는 100% 제공할 것임을 밝히기도 했어요.

기후 변화에 맞서 전 세계가 지속가능한 먹거리에 대한
고민을 하고 있는 시점입니다.

텀블러에
소이라떼
한잔-

# 5

## 비건 물결이 일렁이다

비건 지향 유명인

고기를 줄이면
지구의 열을 내릴 수 있다.
'Less Meat, Less Heat'

비틀즈 멤버 폴 매카트니는 2009년 12월 유럽의회에서
전 세계인를 상대로 일주일에 단 하루만이라도 채식을 실천함으로써
축산업에서 배출되는 온실가스를 감축하자는 고기 없는 월요일
'Meat Free Monday' 환경 운동을 제안했어요.
많은 국가로 확산되어 현재 40여 개국이 동참하고 있습니다.

- 레오나르도 디카프리오 -

모든 미국인들이
일주일에 한 번씩만
소고기가 들어간 햄버거를
비욘드미트 버거로 바꿔 먹는다면
1천 2백만 대의 자동차를 운행하지
않는 것과 같은 영향을 줍니다.
매주 한 번의 작은 선택으로
지구를 돕고 기후 변화를 줄일 수 있죠.

배우이자 환경운동가 디카프리오는 채식만 한다고 알려져 있습니다.
레오나르도 디카프리오는 기후 위기에 대응하기 위해
육류 소비를 줄일 것을 1,950만 명의 트위터 팔로워와
1,800만 명의 페이스북 팔로워들에게 촉구하기도 했습니다.

### - 제임스 카메론 -

채식은 전 세계 온실가스의
약 50%를 생산하는 가축 소비를
줄여 지구 환경을 돕는 일이죠.

비건이 된 이후 감기에
걸리지 않을 만큼 건강해졌고,
에너지가 풍부해졌으며
심장 내력은 두 배로 증가했어요.

2011년 채식다큐멘터리 'Forks Over Knives'를 본 후
비건이 된 제임스 카메론 감독은 영화 '아바타'를 통해
지구를 대하는 인간들에 대한 대서사를 담아냈습니다.
영화에서는 현대화된 기계문명을 비판하며
고도화된 현대사회와는 대조적인 자연과 지구 본연의 모습을 그립니다.

### - 마크 러팔로 -

고기 섭취를 줄입시다!

마크 러팔로는 환경주의자이며, 동물권을 지지합니다.
트위터에서 육식이 탄소 배출에
어마어마한 영향을 끼친다고 알리며,
팬들에게 고기 없는 월요일(Meat Free Monday)에
동참해 달라고 외치고 있습니다.

- 앨 고어 -

채식에 대한 선택은 환경 윤리와 건강 문제 등과 밀접하게 연결되어 있죠.

지구온난화로 인한 기후 위기를 대중에게 널리 알린 공로로 2007년 노벨 평화상을 받은 환경운동가이자 전 미국 부통령인 앨 고어는 2014년 세계적인 의료정보 사이트 MedScape를 통해 "식단을 채식으로 바꿨다"는 것을 알렸는데요. 정계를 떠난 그는 수년간 공장식 농업으로 인한 환경 파괴의 '불편한 진실'을 주장하며 활동을 이어오고 있습니다.

- 빌 게이츠 -

온실가스 배출량을 줄이는 혁신 기업에 투자하고 소고기 패티 대신 인공육을 먹고 전기자동차 타이칸을 타고 지속 가능한 비행기 제트 연료를 구매하고 있죠.

빌 게이츠는 최근 친환경 기술 투자에 적극적입니다. 콩·버섯 등 식물성 단백질을 이용해 육류 대체 식품을 생산하는 스타트업 '비욘드미트'에 상장 전부터 투자를 해서 화제가 되었어요.

# 5

## 비건 물결이 일렁이다

### 비건 패션

옷장을 열어보면
우리 몸을 보호해주는 옷들이 참 많죠.

따뜻한 옷 한 벌을 만들기 위해
희생되는 동물들이 있어요.

성인 코트 한 벌을 기준으로

| | |
|---|---|
| 수달 | 20마리 |
| 너구리 | 50마리 |
| 하프물범 | 8마리 |
| 여우 | 20마리 |
| 늑대 | 15마리 |
| 족제비 | 125마리 |
| 토끼 | 35마리 |
| 친칠라 | 200마리 |
| 검은 담비 | 50마리 |

밍크 코트 한 벌을 위해서는

밍크   50~60마리 희생

동물보호단체 PETA에서는 원재료를 분류하여
비건 소재의 기준을 정하고 있는데요.

[ 비건 소재 ]

🍃 식물성 소재 🍃

면, 데님, 저지, 캔버스
린넨, 트윌, 플라넬 등

---

🍃 합성 소재 🍃

아크릴, 비스코스, 폴리에스테르, 폴리에스테르 플리스, 나일론
레이온, 재활용 플라스틱 섬유, 인조모피, 합성다운, 극세사
인공가죽, 모조피혁, 생분해성 섬유, 고어텍스 등

[ 논비건 소재 ]

토끼털 앙고라,
거위와 오리 깃털 다운
양털 울, 플리스, 누에고치 실크
알파카, 동물성 가죽 (소, 양, 악어, 뱀, 캥거루, 염소)
동물성 가죽을 가공한 스웨이드
캐멀헤어, 캐시미어, 시어링, 파시미나
모피, 샤투슈 등

동물성 소재를 대체할 수 있는
비건 소재는 다양하게 있습니다.

동물성 가죽

재활용 나일론, 폴리 우레탄, PVC 합성피혁
코르크, 버섯과 과일을 포함한
식물로 만들어진 피나 텍스 가죽 등 친환경 소재.

오리와 거위
다운패딩

웰론, 신슐레이트, 솜, 폴리에스테르
프리마 로프트 등 인공 충전재

모피와 울 등
동물의 '털' 옷

나일론, 아크릴, 폴리에스테르
등으로 인조 퍼 생산
(흡수가 더 잘 되고 건조속도가 빠름)

누에고치에서
얻는 실크

나일론, 코튼 혼방의 폴리에스터
특수 가공하여 생산
(천연 실크보다 관리 편의성이 높고 경제적)

동물성 소재와 비건 소재의 가장 큰 차이점은
옷이 만들어지는 과정에 있어요.

동물 성분을 채취하는 과정에서
비윤리적인 동물 착취는 불가피하게 발생하거든요.

더 이상의 불가피한 희생은 피하고

동물에게도 사람에게도
지속가능한 방법으로 옷을 입는 건 어떨까요?

따수운
비건패딩

# 5

## 비건 물결이 일렁이다

비건 화장품

일상 생활을 하다 보면
평소 입고 바르고 소비하는 모든 것들에

화장품에도!

동물성 성분이 당연하게 쓰이고 있음을 발견합니다.

피부에 바르는 화장품조차

빨간 색소 - '연지벌레' 가루 첨가

콜라겐 - 돼지연골 or 지방에서 추출

파우더, 펄 - 동물 생선 비닐

비글과 토끼 등 동물실험을 거친 화장품

대다수는 제품을 만드는 과정에서
동물실험을 거치고 동물성 성분이 들어갑니다.

화장품을 만들 때 첨가하는 동물성 원료는
참 다양합니다.

 양털에서 추출한 기름인 라놀린

 동물성 지방에서 추출하는 글리세린·올레산

상어 간유에서 추출해 립밤·보습제 등에 사용하는 스쿠알렌

동물 위에서 추출해 탈취제·비누 등에 사용되는 스테아르산

 동물의 조직, 뼈, 피부 등에서 추출하는 콜라겐

꿀벌이 만든 벌집 밀랍에서 추출한 비즈 왁스

동물 원료가 들어가지 않아도
화장품을 만들 수 있어요!

동물 실험
반대

동물성 성분
배제

크루얼티 프리 화장품(Cruelty-Free)이란?

동물실험을 하지 않고, 동물성 성분를 배제하며
식물성 성분으로만 만들어진 화장품.

제품의 기능적인 측면에서
동물성 성분이 들어간 화장품과 큰 차이는 없지만
만들어지는 과정에서 무고한 생명의 희생이
따르지 않았다는 것이 중요한 것 같아요.

비건 화장품의 존재는 곧

동물의 희생 없이도 기능적인 화장품을
충분히 소비할 수 있음을 의미하는 것 같습니다.

**6**

**Q&A**

채식주의자는
평소에 무얼 먹어요?

채식 = 풀만 먹음
이라는 인식이 있는데

풀때기만 먹는거야?
다이어트 되겠다~

채식을 한다고 해서 풀만 먹고 사는 건 아닙니다!

No!!

저는 하루 세 끼를 채식 식단으로 먹고 있습니다.

점심
저녁
아침

첫 끼(아침)는 한식을
챙겨 먹어요.

아침

현미콩밥

콩나물국

나물반찬

해조류

김치

버섯장조림

샐러드

두부

189

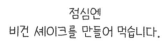

점심엔
비건 셰이크를 만들어 먹습니다.

점심

두유  +  바나나  +  단백질 파우더  =  비건 쉐이크

저녁에는 간단한
자연식물식을 먹곤 합니다.

저녁

호두

고구마

당근

샐러드

빵!

그리고 중간중간 간식으로 빵을 먹어요.

집밥을 먹거나 도시락을 들고 다닐 수 있는 환경에서
채식 식단을 하는 것에 큰 어려움이 없어요.

하지만 회사생활을 하거나 약속이 있을 때는
메뉴 선택에 어려움을 느낄 때가 종종 있습니다.

그래서 개인적인 바람으로는
음식점당 채식 메뉴가 하나씩 생기면 참 좋겠어요.

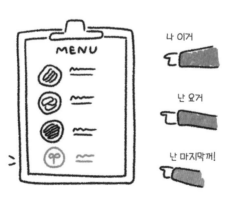

**6**

**Q&A**

# 콩고기를 먹는다고?

콩고기? 그냥 고기 먹으면 되잖아.
고기가 먹고 싶긴 한가 보네.

평생 고기 맛에 길들여져 온 인간이기에
고기가 맛있는 것을 압니다.

아하~ 고기 맛없어서
안 먹는 줄

웅! 나도
고기맛을 안다고~

하지만 고기가 어떤 과정을 거쳐 음식이 되는지
알게 된 이후부터

진짜 고기는
먹고 싶다는 생각이 들지 않더라고요.

대신에 콩고기를 종종 먹곤 합니다.

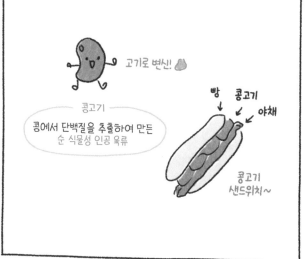

고기로 변신!

콩고기
콩에서 단백질을 추출하여 만든
순 식물성 인공 육류

빵
콩고기
야채

콩고기
샌드위치~

빵과 야채를 곁들이면
이질감 없이 든든하게 먹을 수 있어요 :)

냠

사실 콩고기도 공장에서 만든 인공 육류이기에
지나친 섭취는 삼가야 하지만,

정제된 콩단백질
제조과정에서
대부분 영양소가 사라짐

채식을 실천하는 입장에서
대체육류는 존재만으로도 큰 위안이 됩니다.

나도 고기 먹을 수 있다!

!!

양파

다진마늘

대파

콩고기

콩고기볶음

**6**

## Q&A

# 식물은 생명 아니야?

채식 한다고 하면 종종
장난치듯 묻는 말이 있는데

동물은 불쌍한데
식물은 안 불쌍하냐!?

그리 달가운 질문은 아니라

식물도 생명이야~
고통스러운 건 마찬가지라고~

안 불쌍해요!

그냥 웃어 넘깁니다.

장난이야~ 하하하

하하

부들부들

---

식물과 동물의 고통 체계를
비교하는 것 자체가 무의미하지만

O ← 통점과 중추신경계 → X

동물

불쾌한 자극에서 발생하는
고통을 피해
장소 이동이 가능한 생물체

식물

이동력이 없고 체제가 비교적
간단하여 신경 감각이 없고
세포벽과 세포막이 있는 생물체

고통 = 신체의 통점과 중추 신경계를 통해 전해진 자극이
뇌에서 종합되는 아프고 불쾌하고 피하고 싶은 감각

만약 육체적, 정신적 고통을 느끼는 동물처럼

식물 또한 고통을 느낀다면
이야기가 달라지겠지요.

그렇다고 식물을 함부로 다뤄도 좋다는
이야기는 아니에요.

무럭무럭 자라라~

다만, 정말 다른 생명의 고통을 생각하신다면
채식을 실천하는 마음을 존중해주세요.

서로 존중해요 우리

# 나 하나 변한다고
# 세상이 달라질까요?

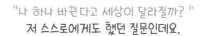
"나 하나 바뀐다고 세상이 달라질까? "
저 스스로에게도 했던 질문인데요.

이미 육식 문화가 자리 잡힌 세상에서
나 하나 채식 한다고 무슨 의미가 있을까 생각했거든요.

처음엔 반신반의하며 채식을 시작했지만
저의 작은 실천을 보고 관심 갖는 분들도 생기고

채식 조아요 채식 하세요

끄덕

덕분에 채식 시작했어여

전 세계적으로 채식에 대한 관심이 점점 커지는 것을 보면

모여서 함께 실천하면
세상이 조금씩 바뀌어 갈 거란 생각이 들어요.

같이 하면 시너지는 두 배, 세 배로 커지기에

지속 가능한 지구를 위해,
소중한 생명을 존중하는 마음이 모이면

모두에게 살기 좋은 지구가 되지 않을까요.

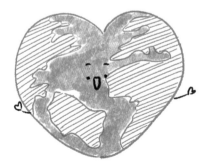

**6**

**Q&A**

채식 정보 모음

## < 채식 정보 카페 >

### 한국채식연합
www.vege.or.kr
채식요리, 식당, 제품, 기사 등 다양한 채식 정보 커뮤니티

### 한울벗채식나라
cafe.naver.com/ululul
채식 음식, 건강 정보 제공 카페

### 채식공감
cafe.naver.com/veggieclub
채식 식당, 레시피 정보 제공 카페

---

## < 채식 쇼핑몰 >

### 베지푸드
www.vegefood.co.kr

### 채식사랑
www.veganlove.co.kr

### 베지맘
www.vegemom.kr

---

## < 소비자 생활협동조합 >

### 한살림
www.hansalim.or.kr

### 두레생협연합
dure-coop.or.kr

### 자연드림
www.icoop.or.kr

### 초록마을
www.choroc.com

## < 채식 해외 사이트 >

### NutritionFacts.org
nutritionfacts.org

『의사들의 120세 건강 비결은 따로 있다』 저자
마이클 그레거 박사가 운영하는 채식 기반의 영양학 웹사이트.

### Dr McDougall's Health and Medical Centre
www.drmcdougall.com

『어느 채식의사의 고백』의 저자이자 자연식물식을 강조하는 의사
맥두걸 박사가 운영하는 사이트.

### T.Colin Campbell Center
### for Nutrition Studies
nutritionstudies.org

『무엇을 먹을 것인가』의 저자 콜린 캠벨 박사가 운영하는 사이트.

---

## < 채식 어플 >

### Happy Cow
전 세계의 비건 맛집과 관련된 정보

### 채식한끼
국내 채식 맛집과 관련된 정보

---

## < 비건 페스티벌 >

### 베지노믹스페어 비건페스타
– 비건 박람회

### 비건페스티벌 코리아
– 비건 음식 페스티벌

### 코리아 비건페어
– 비건 박람회

## < 공장식 축산을 소재로 한 영화(채식 입문) >

**옥자**
한국, 미국, 120분, 2017

**The Farm**
미국, 80분, 2018

**잡식가족의 딜레마**
한국, 106분, 2014

---

## < 채식 관련 다큐멘터리 >

**몸을 죽이는 자본주의 밥상**
- Netflix

**더 게임 체인저스**
**(The Game Changers)**
- Netflix

**도미니언**
**(Dominion)**

○참고자료○

**[책]**
〈아무튼, 비건〉 김한민, 위고, 2018
〈어느 채식의사의 고백〉 존 맥두걸, 사이몬북스, 2017
〈우리는 왜 개는 사랑하고 돼지는 먹고 소는 신을까〉 멜라니 조이, 모멘토, 2011
〈육식의 종말〉 제레미 리프킨, 시공사, 2018
〈돼지를 키운 채식주의자〉 이동호, 창비, 2021
〈동물을 먹는다는 것에 대하여〉 조너선 사프란 포어, 민음사, 2011
〈동물해방 – 피터싱어〉 연암서가, 2012
〈의사들의 120세 건강 비결은 따로 있다〉 마이클 그레거, 진성북스, 2017
〈우리가 날씨다〉 조너선 사프란 포어, 민음사, 2020
〈2050 거주불능 지구〉 데이비드 월러스 웰즈, 추수밭, 2020
〈두 번째 지구는 없다〉 타일러 라쉬, 알에이치코리아, 2020
〈나는 풍요로웠고 지구는 달라졌다〉 호프 자런, 김영사, 2020
〈무엇을 먹을 것인가〉 콜린 캠벨, 열린과학, 2020
〈고기로 태어나서〉 한승태, 시대의창, 2018
〈채식 연습〉 이현주, 레시피팩토리, 2020

**[보고서·논문]**
UN보고서, 축산업의 긴 그림자, 2011
공장식 축산은 인류 역사상 최악의 범죄, 유발하라리, 가디언지, 2015
www.theguardian.com/books/2015/sep/25/industrial-farming-one-worst-crimes-history-ethical-question
야생동물의 멸종위기 원인과 보전, 이우신, 서울대학교 산림과학부
The Reality of ZOOs(동물원의 현실), Captive Animals' Protection Society, 영국
IPCC 지구온난화 1.5도 특별보고서
글로벌 카본 프로젝트
journal Animals, USDA, Water Footprint network, 환경부
UN 식량 안보 및 영양 상태 보고서, 유엔식량기구
콜린 캠벨, 차이나리포트 2016
이트-랜싯 리포트, the eat lancet report, 2019

**[기사·칼럼]**
불포화지방 함량이 높은 건강에 좋은 음식
annihill.tistory.com/377
우리나라 대장암 발생률 순위, 세계 1위에서 2위로 떨어졌다 – 홍혜걸 칼럼
aftertherain.kr/commentary/?work=view&idx=49352
제임스 카메론 감독은 왜 '비건'이 됐을까
realfoods.co.kr/view.php?ud=20170920000858
[美 슬로·비건푸드 열풍]① 채식·유기농·전통음식이 육식·가공식품 밀어내다
www.opinionnews.co.kr/news/articleView.html?idxno=24531
아놀드슈와제네거X폴 메카트니X제임스카메론=채식 '만세' 육식 '반대'
sports.khan.co.kr/bizlife/sk_index.html?art_id=201904131825003
인구 100억 시대 대비한 '인류세 식단' 나왔다
www.hani.co.kr/arti/science/future/878894.html

**[웹사이트·웹페이지]**
동물행동권 카라 "헐, 너 모毛야?" 당신의 품에 알게 모르게 찾아들어온 모피를 아시나요?
www.ekara.org/activity/use/read/3928
vegan-labels.info
한국비건인증원 vegan-korea.com
이탈리아 베지테리언 협회 www.v-label.eu
영국비건협회 www.vegansociety.kr
이븐비건 www.certification-vegan.org
국제동물보호권리단체 PETA www.peta.org
리핑 버니 www.leapingbunny.org
호주동물실험반대단체 www.choosecrueltyfree.org.au
식품저널 foodnews www.foodnews.co.kr

**[영화·영상]**
〈The Game Changers〉 루이 시호요소, 2018
〈잡식가족의 딜레마〉 황윤, 2014
게리 유로프스키의 조지아 공과대학교 강의 www.youtube.com/watch?v=71C8DtgtdSY
〈차이나는 클라스〉 기후위기와 우리의 미래
〈하우투 지식채널〉 채식을 시작하는 가장 쉬운 방법, 이현주 한약사

매일매일 행복해지는 가장 쉬운 방법

# 비거니즘,
## 완벽하지 않아도 괜찮아

초판 인쇄 | 2021년 12월 1일
초판 발행 | 2021년 12월 8일

지은이 | 오지구요
발행인 | 김태웅
기획 편집 | 갈혜진
디자인 | 남은혜, 신효선
마케팅 | 나재승
제　작 | 현대순

발행처 | (주)동양북스
등　록 | 제2014-000055호 (2014년 2월 7일)
주　소 | 서울시 마포구 동교로22길 14 (04030)
구입 문의 | 전화 (02)337-1737　　팩스 (02)334-6624
내용 문의 | 전화 (02)337-1762　　dybooks2@gmail.com

http://www.dongyangbooks.com
m.dongyangbooks.com(모바일)

ISBN　979-11-5768-758-9　03300